AF295060

Dolda ord

Linda Hou

© 2021 Linda Hou

Förlag: BoD – Books on Demand, Stockholm, Sverige

Tryck: BoD – Books on Demand, Norderstedt, Tyskland

ISBN: 978-91-7969-223-0

En diktsamling

Vol. 2

Jag om mig (& isoleringen)

överleva eller leva,

existera eller bara finnas till

vart går gränsen

och vem är det som bestämmer det?

vart är jag?
i mina tankar
hur hittar man dit?
har du vägbeskrivningen?

                        jag tappade bort mig själv

jag gick vilse
i hjärnan
bland alla nervsignaler

                            intrasslad
                        hjälp mig trassla ut
                            mig själv

mitt förflutna jagar mig
bort från omvärlden
jag binds fast
gång på gång
och jag skriker
men ingen hör

jag går förbi en gata
och min hjärna börjar koppla
nutid till dåtid

mina ögon följer de
rosa körsbärsblommor som faller
utan ett ljud
mot marken

vem tar emot mig
jag faller nu

deras ansikten

jag tycks se dem överallt

på bussen

på tunnelbanan

på gatan

jag håller andan

när vi korsar varandra

och jag kan andas ut

för det var inte dem

inte den här gången heller

jag är trygg

fragment
plötsliga minnesbilder
söndertrasad
vem är det
är du jag?

det är svårt
när man tvivlar på vem
det ens är
som är jag,
mina tankar
bland alla tankar

jag vet inte vart jag ska ta vägen
jag känner mig olycklig vart jag än går

mina behov blev aldrig mötta

jag känner mig vilsen i livet. jag lever kvar i minnen och jag vet inte hur jag ska se framåt. det tar stopp. jag vet inte om det beror på en kognitiv svårighet eller om det är ett långvarigt tankefel som har satt sina spår. alla säger olika saker och jag vet inte vem jag ska lyssna på. "lyssna på dig själv", kanske någon säger. och ja, jag vill kunna göra det. men att ha levt ett helt liv med en konstant föränderlig bild av mig själv har gjort att jag inte vet vem jag är. min inre röst förblir helt tyst.

många kallar det för att gå vidare
kanske till och med vägen
till något bättre
men jag kan inte se
jag har blivit blind

kommer jag hitta mig själv igen?
eller övergav hon mig?
linda före alltså
linda efter som undrar

om jag tittar från ett

annat perspektiv

om jag tittar utifrån

ovanifrån

nerifrån

tvådimensionellt

flerdimensionellt

eller från någon annan dimension

kommer jag hitta mig själv igen?

jag är så rädd att jag ska ha
överlevt ett helt liv
utan att ens ha levt

vakuum

befinner mig i något slags

tomrum

fängslad i

min egen kropp

jag ser på medan solen

går ner

och sen upp igen

natt blir till dag

jag överlevde

den här dagen med

jag består utav flera fragment

nästan minnen men inte helt

som i en krossad spegel

ser jag min reflektion

splittrad

jag ser ögon som stirrar tillbaka på mig

vem är hon?

kan en människa förändras så mycket
att det inte längre går att
känna igen sig själv?

ju mer jag försöker blocka dem

mina minnen

ju mer ökar de i styrka

de kan komma från ingenstans

när jag läser

när jag pratar med nån

när jag är ute och promenerar

när tar mina minnen slut,

när kan jag börja leva i nuet?

jag är så rädd
för det känns som att
minsta lilla felsteg
kan leda till min död

jag har varit så upptagen med att
planera allting in i minsta detalj
att jag har glömt bort
att leva

fastnar i gamla bilder
bläddrar frenetiskt igenom
album efter album
i vilket syfte?
jag vet inte,
men det blir som ett beroende

bevis på att jag också varit sjuk?
men vad är det för tävling?
försten till döden vinner

jag är rädd för att känna glädje
för det är något jag kan förlora igen
och jag vet hur ont det gör

jag ser mig själv stå där
på scenen
inför hundratals människor

jag öppnar upp mina ögon
men allt jag ser är
tomma stolar

min dåtid
är min nutida dröm
som aldrig kommer uppfyllas

det värsta är

att jag var på väg

jag hade chansen

att få allt det jag drömde om

om jag bara

hade stannat kvar

om jag bara

hade trott på mig själv

lite mer

jag glömmer bort vad jag tänker på

men det lämnar spår av oro

i hela kroppen

jag jagar efter mig själv

och springer bort från mig själv

på en och samma gång

jag är rädd att

om jag lyckas förgöra

mitt monster inuti

så finns inget kvar

av mig

det är lätt

att jämföra nu med då

att undra

om tiden verkligen läker alla sår

femton år av slit

men jag intalade mig själv

att allt det var värt mödan

trots alla tårar

timvis av hårt arbete

ren disciplin

jag gav det hela mitt liv

men ett snedsteg

tvingade mig att backa tillbaka

och jag blev aldrig stark nog

att komma tillbaka

anorexin stal min dröm

men vad händer
när ens livsmål
inte längre är
en möjlighet

anorexin stal min musikdröm

men tänk om det var tvärtom?

att musiken gjorde mig ätstörd

att *anorexin* blev mitt sätt

att uttrycka den osäkerheten

jag bar inom mig

att det blev min räddning

från den prestationscentrerade värld

jag befann mig i

som höll på att äta upp mig

men det var min enda dröm

jag hade ingen backup

och jag har fortfarande ingen tanke

på vad jag vill göra

det var min chans

kanske min enda

nu då

nu

då

?

jag står och stampar
på samma ställe
jag har frusit fast till is
jag känner hur mitt hjärta
bankar mot bröstet
försöker slå sig fri
men min kropp är som en järnmur
som fängslar min själ

hur kan livet vara
så fullt av ensamhet
när vi är nästan
åtta miljarder människor
som vandrar på samma jord

inget förändrades

men allt är annorlunda nu

jag har ingen kvar som jag kan
springa till och bli
omfamnad av

skydda mitt inre barn

jag brukade fly till

allt det som skadade mig

men jag kan inte

fortsätta göra så mer

jag borde vara starkare nu

än då

jag borde inte behöva dem

längre

jag går förbi alla barer på skånegatan

ekot av skratt och surr

ångestskapande

provocerande

sorgset

det påminner mig om

det som en gång var

men inte längre finns i mitt liv

det är inte så illa

jag sitter bara i mörkret

och ber om att allt ska upphöra

livet är en cd

på repeat

när kommer slutet?

det som förvirrar mig är
att allt är precis likadant som det brukar
men ändå annorlunda
luften, kan det vara den?
eller snarare brist på luft
eller snarare brist på syre
syrebrist

jag stirrar framför mig
och jag undrar:
ångest
vart kom du ifrån?

dygnet har för många timmar
för mig att behöva fylla
jag räknar till sexti
en minut i taget

tjugofyra timmar om dygnet

jag sover så mycket som möjligt
för att göra dagen så kort som möjlig

är det såhär livet är?

ensamt

isolerat

stressfyllt

meningslöst

jag lever i dåtid
jag lever i det förflutna
inte nu inte sen men förr

jag skriker
tills min röst blir hes
jag viskar ut i mörkret:
kommer det nånsin bli bra?

någonstans blev jag tyst

jag slutade visa mina känslor utåt

jag slutade skriva om mig själv

mina åsikter och tillslut

även mina tankar och känslor

jag slutade skriva helt och hållet

jag fick för mig att min röst

inte var värd att höras

att jag var fel

allt med mig var fel

så jag var tvungen att gömma mig

där ingen skulle hitta mig

till slut väljer jag isoleringen
som mitt första alternativ
när jag inte längre orkar
vara stark inför andra

det krävs bara ett ord

ett enda litet ord

för att jag ska rasera

för att allt jag byggt upp

mig själv med

på utsidan

ska falla till marken

alla är lika perplexa

över de gånger

jag kraschar

rakt ner i marken

för ingen hinner se

varningssignalerna

men det är omöjligt att se

utifrån

jag vet

ju sämre jag mår

ju bättre blir jag på att dölja det

allt som finns kvar av mig

är minnen

tiden från förr

jag har inte levt

på så länge

i mitt huvud

i min inre värld

härjar desperation fritt

allt är en

motsägelse

jag säger emot

mig själv

får inte finnas

får inte höras inte synas

får inte ha kontakt med andra

får inte fråga efter andras stöd

får inte ta upp någon som helst utrymme

får inte skratta får inte gråta

jag får aldrig något slags lugn
någonstans
hela tiden den här kampen
mellan nutid och dåtid
och kanske ett släng av framtid
men shhh den är tyst
var tyst

jag har satt mina tankar
på paus
(paus)

jag får inte men det går inte

får inte men överlever inte utan

försöker låta bli men tillslut måste jag

likt när man hållit andan

men kroppen till slut säger stopp

kippa efter andan

så desperat

jag får inte men det går inte

jag trodde den här samlingen

skulle inge hopp

tiden efter slutenvården

livet efter

men jag är lika trasig

nu som då

med enda skillnaden att

ingen ser

utanför bubblan

jag har skapat idag

jag skrevs ut
till mitt hem
trettio kilogram tyngre
än när jag skrevs in

där mina händer brukade
känna efter utstickande ben
känner jag rundhet
mjukhet

i månader gick jag omkring

i mjukiskläder

dag och natt

iklädd samma kläder

jag försökte dölja

min kropp

min fula kropp

som tar för mycket plats

här i världen

mina ärr på kroppen
visar hur trasig jag är
men de ärren inombords
osynliga för andra
berättar om en kamp
inte många vet om
det är ärren inombords
de som inte syns
som gör mest ont

jag ser på mig själv

i spegeln

för första gången på månader

i några sekunder

står jag där och stirrar

på personen som stirrar tillbaka

på mig

jag känner inte längre igen

mig själv

Jag till mina föräldrar

ni gjorde allt för vår skull

när ni packade ihop allt ni ägde

i en resväska

lämnade ert hem

och kom till sverige

kulturkrocken

som skapades mellan oss

som en spricka

i vår relation

drog oss isär varandra

vi talade inte samma språk

delade inte samma livserfarenheter

ni behandlade mig

på ert sätt

ni behandlade mig

utefter er livshistoria

vem fick högst poäng i klassen
frågade ni
ni ville att det skulle vara jag
varje gång jag kom hem
ville ni ha bekräftelse
på att jag dög
att jag var nummer ett

ni ville lära mig

att vara stark

att klara av saker själv

att inte ge upp

men det gav motsatt effekt

jag blev svag

osäker

osjälvständig

och med ett outtömligt behov

av kärlek

jag dränerar all energi

från de som kommer mig nära

jag kände mig aldrig tillräcklig

för er

vad jag än åstadkom

var det aldrig bra nog

jag kände mig

som ett andrahandsval

oönskad

det andra barnet

som egentligen inte skulle finnas till

jag var rädd

att ni hade ångrat er

att jag blev er last

som ni inte kunde bli av med

jag var rädd

för att jag hade förstört

vår familj

vårt rykte

jag raserade allt det

ni hade byggt upp

första gången jag fick höra
jag älskar dig
från er
ville jag bara gråta
för det var något
jag hade väntat så länge
på att få höra

pappa minns du

när vi var i teneriffa

hela familjen var samlad

det var nyårsafton

och vi skulle gå till stranden

för att kolla på fyrverkerierna

för att fira in det nya året

tillsammans

men du stannade på hotellrummet

du sa att

du hade för mycket att göra

och jag undrade

varför du aldrig var

tillsammans med oss längre

även när du var där

var du inte där

jag såg det i dina ögon

jag såg att du var

överallt i tankarna

men inte här

inte hos mig

jag undrade ofta
vart du tog vägen
varför du valde
jobbet före familjen
varför du valde
dem före mig

jag brukade tänka
att du inte älskade mig
för om du älskade mig
varför lämnade du mig
så många gånger
varför fanns inte du kvar
vid min sida

det finaste jag vet är

när pappa kramar mig

som om det vore vårt sista farväl

mamma

du är den personen

som känner mig allra bäst

vi spenderade flera år tillsammans

bara vi två

i vårt stora hus

jag vet att

det inte var lätt för dig

att leva med mig

vi brukade bråka med varandra
kalla varandra för fula ord
jag skrek så jag skakade
för jag ville ha rätt
precis som du
på så sätt var vi likadana

vi hatade varandra
men vi älskade varandra

när pappa flyttade
till andra sidan jorden
var det inte längre
någon som kunde se till
att vi var sams

innan jag gick till skolan

brukade du sitta där på soffan

du tittade på mina kläder

och bedömde om de var godkända

eller inte

om mina ben såg

för tjocka ut

eller om min åtsittande topp

fick min mage

att stå ut

jag låtsades att

det inte gjorde något

allt det du sa

om mig

men egentligen gjorde det ont

så fruktansvärt ont

jag skyller ingenting på er

det blev bara fel

när våra kulturer

krockade

när vi skrek på varandra

men inte förstod

vad den andra sa

jag tror inte jag ens skrek

på *er* längre

jag skrek

av ren frustation

över att inte kunna bli förstådd

jag såg det
när jag låg på sjukhuset
att du var rädd
jag har aldrig sett dig så
mitt hjärta gick sönder
för jag ville aldrig skada dig
jag vill bara skada
mig själv

du litar inte på mig längre
du låter mig inte ens
vara hemma en hel dag
själv
men vem är jag
att döma dig
jag skulle heller inte
lita på mig

kära syster

jag har dragit in dig

i situationer

som ingen ska behöva hamna i

hur många gånger

har du inte väntat på ett telefonsamtal

för att få höra

om din syster

fortfarande lever

du var min förebild
ända sedan barnsben
jag ville bli som du
exakt likadan
men på något sätt
blev jag raka motsatsen

när du var stark
var jag svag
när du var trygg
var jag rädd

åtta år skiljer det

mellan oss

men du är min

allra bästa vän

och jag vet att

varje år som går

kommer föra oss

ännu närmre varandra

jag vet att ni gjorde
ert bästa
och det kommer jag vara
evigt tacksam för

Jag till dem (som skadade mig)

han fick mig
att ifrågasätta mig själv
att tro
att allt
var mitt fel

du var den första
som rörde vid mig
och du bad inte ens
om lov

jag sprang därifrån
visste inte vart jag var
och du sa inte ens
förlåt

jag vet inte hur jag kunde vara så blind
att jag inte kunde se varningssignalerna

jag blev förblindad av dina ord
du var allt det jag drömde om
om inte mer
men jag betydde aldrig
något för dig
eller hur?

du fick mig att bli kär i dig
men det var konceptet av dig
som jag blev kär i
inte dig

jag sa stopp
men du fortsatte ändå
hörde du mig
hallå?
hallå?

vi möttes dagen efter
och du berättade
för de andra
om det som hände
kvällen innan
hemma hos dig
jag såg på dig
jag mötte din blick
du hånlog
och jag undrade
hur är det möjligt
att vi mindes allt
så olika

återigen minnen
som vägrar lämna
var det mitt fel
var det mitt fel
var det mitt fel

övergrepp
hur kan det vara
ett så hemligt ord
fyllt av så mycket skam

du fortsatte skämta om det
fastän jag bad dig snällt
att låta bli
du såg allt som ett skämt
och alla skrattade med dig
spelade mina känslor ingen roll?

du tog tag i min hand
och jag ryggade tillbaka
kan inte låta dig
få grepp om mig
jag bad dig gå
gå din väg
och kom aldrig tillbaka

du såg på mig
med hat i blicken
och även fast inget av det
var mitt fel
kändes allt som
mitt fel

som om att jag
var monstret
och du
offret

sista gången vi sågs

stod du där som alltid

och drog skämt för de andra

när jag klev in i rummet

drog du ett skämt

om mig

om mitt utseende

om min kropp

men jag sa inget

ingen sa något

jag log mot dig

och inte ens du sa något mer

Jag till vården

vad vet ni om mig?
känner ni till min historia?
vet ni vem jag är?

för om ni inte vet,
hur kan ni då vara så säkra
på att ni känner till mitt mående
bättre än jag själv?
hur vet ni när jag mår bra,
när jag mår dåligt
när jag är trött och
när jag har gett upp?

det finns sånt

jag inte vågar berätta för er

jag är rädd att

ni ska förminska mig

såsom jag redan har förminskat

mig själv

i flera år

jag försöker inse

att det aldrig var mitt fel

men vad förändrar det ens

oavsett vems fel det var

så har det ju redan hänt

jag lär mig mer av det som står i min journal än vad jag gör av er. där är åtminstone inget hemlighetsstämplat. anteckningarna visar mig hur mycket ni egentligen förstår av det jag berättar. hur dåligt jag ska må den här gången för att ni har missförstått allt. skickar jag dubbla signaler? förlåt jag ska inte göra det igen. fastän det är ert jobb att gräva och se mig på djupet. jag blir bara mer förvirrad när det jag säger inte verkar nå fram. är det meningen att terapi ska få en att känna sig så? missförstådd.

ni försöker få mig

att tänka positivt

ta vara på dagen

pessimisten möter optimisten

fake it til you make it

med betoning på ”fake”

fejk

får jag inte ens klaga

utan att ni ska komma

med dessa falska ord

är inte det här rummet säkert längre?

är det mitt fel
att inte känna mig bekväm
när jag sitter där i fåtöljen
och du tittar in i mina ögon
och jag undrar hur länge
jag borde hålla ögonkontakt

hur mår du?
jag vet inte vad ni vill att jag ska säga

jag har lärt känna
så många människor
genom min kontakt
med er
varav vissa
jag såg som hjältar
i mitt annars tråkiga
gråa liv

jag undrar
minns ni fortfarande mig?

ätstörningsklinikerna brukade säga att jag kunde få
vad jag vill i livet när jag blev frisk från min
ätstörning. jag hade precis byggt upp mitt
självförtroende och jag återupptog både studier och
jobb, men ganska snabbt därpå kraschade jag igen. jag
har sprungit och sprungit, men tillslut kom allt ikapp.
jag insåg då att det ätstörningsklinikerna sa inte alls
stämmer. de gav mig falskt hopp. och när man inser
det känns hela livet som en lögn.

det ni gjorde var

ett övergrepp

visserligen ett nödvändigt sådant

för att rädda mitt liv

men ni bestal mig

på min bestämmanderätt

över min kropp

min kropp

jag har känt mig ifrågasatt

jag har inte känt mig förstådd

jag har känt att jag inte betyder något

jag har känt mig osynlig

jag har känt mig förminskad i mitt tillstånd

jag har känt mig ensam

"jag vet inte" innebär inte
att jag inte vet något
jag kan bara inte sätta orden
i rätt ordning
för dem att betyda något

till och med för er
vill jag vara duktiga flickan

att inte bli förstådd

är något som följt mig länge

ända sedan barnsben

när jag inte kunde

kommunicera med mina föräldrar

när vi skrek på varandra

för att vi ville förstå

men jag kunde inte uttrycka mig

alla tårar

alla osagda ord

låstes in på mitt rum

de försöker bryta sig fria nu

orden alltså

tänker ni hjälpa mig?

ni hejar på mig

säger att jag är stark

men jag vill inte vara stark längre

jag vill bara bli omfamnad

och veta att jag inte är ensam

vad tänker ni

när ni ser mig

står det något i journalen

har ni några fördomar

ser ni mig

som individ

eller blir jag omvandlad

till en diagnos?

vad betyder jag för er?

"jag kan inte läsa dina tankar"
inte jag heller, tänker jag
men det vore en lögn
tankarna existerar
men frånkopplade från mig
ömsom medvetet ömsom omedvetet
för vi en konversation
som ingen av oss kommer förstå

kanske borde jag sluta försöka förklara

när inget ändå är klart

hur ska jag få någon att förstå

när jag vet att det är helt obegripligt

stycken bryts ner till meningar som bryts ner till ord

ord som inte betyder något

avskiljda från varandra

isolerade

precis som jag

orden är jag, jag är orden

jag betyder inte något

avskild från de andra

min *själv*bild
*själv*känsla
*själv*förtroende
styrs inte av mig *själv*
den är helt och hållet
prestationsbaserad
positiva ord får mig
att känna mig oövervinnerlig
och allt annat
får mig att hata mig själv

ni har kontrollen

det allra allra svåraste är
att känna mig tillräcklig
utan att någon utifrån
behöver säga det till mig
att det jag åstadkommer
inte handlar om att
jag varje gång har haft tur
utan för att jag är duktig
på det jag gör

jag har lämnat så många påbörjade liv

ingen vet vad som händer när jag bara försvinner

inte ens jag vet

vilket liv ska vi jobba med

vilket liv ska jag välja

vilket liv ska vi hitta tillbaka till

ni såg mig

när jag själv blev anklagad

för att vara manipulativ

när allt jag ville var att

få känna mig älskad

för när en person blir hela min värld

ser jag inte konsekvenserna

av det jag gör

ni undrar varför
jag gång på gång
saboterar för mig själv

jag är rädd att ha något som jag kan förlora
jag hoppas på det värsta,
för att skydda mig själv från smärta

hur många brev ska jag behöva skriva
för att ni ska förstå?
jag mår inte bra
och har inte gjort det på ett tag

ni såg på medan jag började försvinna
aldrig har jag känt mig så sviken
det var er roll att skydda mig

får jag känna som jag gör
eller är det fel?
ska jag bara kapsla in allt
och hoppas på nåt bättre?
vad innebär ens bättre?
det är ni som avgör
eller hur?
spelar mina ord
någon roll?

jag försöker få en reaktion från er
vad som helst
bara för att se
om ni bryr er

ni har fått mig
att bli beroende av er
trots att det är ni
som skapat mest trauma
i mitt liv

hur paradoxalt är det inte
att jag måste vända mig till er,
till vården
för att läka sår
som skapades
under min vårdtid

Jag till mina vänner

när själen dör finns inget kvar

(jag finns inte kvar)

ni dödade min själ

men lät min kropp leva

ihålig som ett skal

men fylld av smärta

ni sa att det var för min skull
men jag vet att det var en lögn
var ni så förblindade av rädsla
att ni inte såg längre än så
vi var lika skyldiga allihop
det vet jag att ni vet
de behövde en syndabock
och ni valde mig
varför ni gjorde det
kommer jag aldrig förstå
men det ni gjorde mot mig
kommer aldrig gå att förlåta

ni svartmålade mig

lät mig bli någon jag inte var

ni visste att ni var likadana

precis som jag

vi var av samma art

men ni dolde det

och kastade mig ner i skiten

var ni verkligen så fega

ni gav mig ett plåster

och sa att allt skulle bli bra

vart gör det ont?

överallt

sen kastade ni ut mig

burade in mig

som ett djur på ett zoo

och ni såg på

medan jag tynade bort

jag ville berätta
men ni tystade ner mig
ifrågasatte mig
till den nivån
att jag tvivlar på mig själv

jag var så rädd för ensamhet
att jag sprang och gömde mig
så fort jag hörde något från er
för jag kände mig inte bra nog
för att kunna älskas av någon
i mitt nuvarande skick

jag blir den personen
ni behöver
att jag ska vara

allt för att
jag vill att ni
ska finnas kvar

litar du på mig? frågar hon

ja till hundra procent

allt som jag kan ge

skulle jag ge till dig utan att blinka

men lova då mig något

ett enda litet krav

jag vill att du lovar

att du aldrig kommer lämna mig

i flera timmar brukade vi samtala
skratta så att det gjorde ont i magen
allt delade jag med dig
det som ingen annan fått se
du var min person
och jag var din, trodde jag
tills du en dag utan ett ord
bara försvann
jag kan inte ha betytt något för dig
om det var så lätt att lämna mig
var något om oss sant
eller var allt bara en lögn?

jag är livrädd för att mista dig
mitt hjärta tål inte det

jag kan inte rädda henne
det känns som mina ord inte räcker till
jag känner hennes förtvivlan som om den vore min
egen

utan dig
finns inte jag

hon är mitt allt
men kanske duger jag inte för henne

varje gång jag hör av mig till dig
är jag rädd att du inte ska svara
att du egentligen
inte alls vill höra från mig
men att du inte funnit modet
att tala om för mig om det än

din smärta blir också min

förtvivlad över maktlösheten

gråter jag för oss båda

över den situationen vi befinner oss i

återvändsgränden

är det här det längsta vi kommer?

nej så får det inte vara

vi måste fortsätta

hur ont det än gör

måste det gå

jag vet hur trött du är

jag önskar jag kunde bära dig

men jag håller din hand
hela vägen om så behövs
hela vägen upp
ur detta mörka hål

när de pratar om deras första fylla

pratar jag om hur jag brukade sitta hemma

och bli full för att fly från verkligheten

när de pratar om sina pojkvänner

pratar jag om min ensamhet

när de pratar om hur de förlorade sin oskuld

pratar jag om han som tog min oskuld

utan att fråga mig

när de pratar om fester

pratar jag om de gångerna jag satt

själv i bardisken och väntade

tills någon äcklig medelåldersman nappade tag i mig

när de pratar om mat och bjuder ut folk på middag

pratar jag om min ätstörning som tvingar mig

att leta efter första bästa förklaring för att kunna

tacka nej

när de pratar om tidigare jobberfarenheter

pratar jag om månader spenderade

i en sluten vårdavdelning och år av sjukskrivning

vi är inte av samma sort

de blev framgångsrika musiker
jag blev psykiskt sjuk

jag tittar på henne och lyssnar

men konturerna börjar suddas ut

hennes ord blir nästan oförståeliga

jag svävar in och ut

ömsom medveten ömsom omedveten

om allt som pågår runt mig

du sa att det var vi
att vi skulle bekämpa mörkret tillsammans
vi mot vår gemensamma fiende
men det fanns aldrig ett "vi"
"vi" existerade aldrig
det var jag och ni
jag var aldrig en av er
och jag skulle aldrig bli det

vet ni hur många tårar jag har fällt
på grund av er?
hur jag kippade efter luft
när min själ skrek av smärta
det var ni (ni, ni, ni!!!)

jag är rädd
för att bli lämnad kvar
helt ensam
jag vill inte bli lämnad
igen
men statistiken pekar på det

jag behöver *någon* så mycket
mer än *någon* behöver mig

hur kan det vara så svårt
att behålla viktiga personer
i mitt liv

jag är rädd för att
börja tycka om någon
behöva någon
så mycket att
jag tappar bort mig själv

sen kommer du se mig som

krävande

bekräftelsesökande

klängig

till den punkten att

det blir för mycket

jag ser på medan mina gamla vänner går vidare i livet.

någon har gått klart universitetet. någon har gift sig

och väntar barn. flera har hållit ihop genom åren,

stärkt deras vänskapsrelationer. de har allt att berätta,

jag har ingenting. för vad ska jag berätta när

majoriteten av mina år har kretsat kring psykiatrin?

de fortsatte leva.

och kvar står jag: ett resultat av allt det som vården

gjort mot mig.

alla ni som stannat kvar

(totalt en)

tack

för att du inte gav upp

när jag slutade höra av mig

när jag öppnade

och stängde

vår konversation

det var inget spel

det har det aldrig varit

jag visste bara inte

hur långt min röst skulle bära

Jag till mig själv

det är så mycket jag hade velat

säga till mig själv

när jag var ett barn

en tonåring

en ung vuxen

men kanske behövde jag

göra fel

för att lära mig av mina misstag

handling väger tyngre

än ord

kanske behövde jag lära mig

att känna

sorgen som äter upp mig inifrån

rädslan som paralyserar mig

ilskan som får mig att explodera

självhatet som har skadat mig

på så många olika sätt

kanske behövde jag lära mig

att känna

för att jag själv skulle inse

att mina känslor

inte dödar mig

och att veta att jag kan känna mig

totalt nedbruten

men ändå resa mig upp igen

och fortsätta

sanningen är inte vacker
sanningen skaver
likt friktionen mellan
din häl och din sko
till slut går det hål på huden
vågar man fortsätta?
sanningen som lämnar läpparna
går aldrig att ta tillbaka

jag har sett mig som ett offer,
jag har sett det som omöjligt
att förändra min situation
men för att skapa förändring
måste jag också förändra
mitt sätt att leva

som vi lärde oss i kbt
ändrar vi beteende först
och sen kommer tankar och känslor
komma ikapp

jag tror jag har kommit fram till att

tomheten inombords

inte alls beror på

hur många meddelanden

jag kan få under

en dag

en vecka

ett år

men den finns där

som en påminnelse

att den är en del av mig

för alltid

och jag måste lära mig

att leva med den

omfamna den

tills det kanske en dag

inte känns lika tomt längre

ibland går det inte som det var tänkt

men det är också okej

för kanske leder den här nya vägen

till något ännu bättre

något du inte trodde var möjligt

det som leder mig till framgång
är också det som leder till mitt förfall

perfektionism
alldeles för höga krav
rädslan att misslyckas

(använd din gåva väl)

tårarna rullar ner för mina kinder, ljudlöst. inombords
skriker jag. allt spelas upp på repeat i svartvitt. jag
gråter för att jag lyssnar på en ljudbok där författaren
beskriver sin depression och uppgivenhet. jag nickar,
känner igen mig. jag gråter för att jag känner likadant
på insidan men ingen har förstått det. men det känns
ändå befriande, att äntligen få ur mig allt det jag burit
på under en så lång tid. kanske är det här första steget
till läkning.

det är när jag börjar

analysera mig själv

som allt går fel

när jag stryper min spontanitet

och granskar minsta lilla rörelse

plockar ut alla delar av mig

och börjar räkna detaljer

när jag stirrar mig blind

på varje liten cell i min kropp

och glömmer bort

helheten

jag önskar

att jag kunde vara tydligare

med vad jag vill

att jag vågade säga

det jag tänker på

och kämpa

för att jag är jag

för att jag är värd

att synas

att höras

precis som vilken annan person

som helst

jag tänker ofta på
hur det är möjligt
att en sån liten kropp
kan rymma så mycket kärlek
jag som inte ens tyckte om barn
blev kär
så fort jag lärde känna henne
min systerdotter
förstod jag
vad kärlek är

det kanske inte är
exakt precis likadant
kanske har de här åren
förändrat något inom mig

en dag skrev jag en lista över
allt det som gör mig glad

vi behöver alla den påminnelsen ibland

- doften av nyklippt gräs
- ljudet av regndroppar mot fönstret
- att umgås med min systerdotter
- handskrivna brev
- charlie & lo (mina katter, *mina bebisar*)
- nybakat bröd
- att sitta på kafé och skriva
- skratt som man får ont i magen av
- stjärnhimlen
- soluppgångar
- att göra andra glada
- höstlöven som skiftar i färg
- att dansa och skriksjunga tills rösten blir hes
- kramar

ingen känner dig bättre än du själv

våga lita på det

din röst är viktig

det krävs mycket
av en f.d. anorektiker
för att kunna säga
att hon älskar sin kropp

vi är inte där än

tack till

min kropp som överlevt

trots alla år

jag har misshandlat dig

och mitt lilla hjärta

som pumpar alldeles för fort

alldeles för hårt

jag ska ta hand om dig nu

jag tar tillbaka min kropp

den är min

och ingen annans

jag kanske inte alltid

tycker om den

men den är min

och den kämpar för mig

med mig

jag kan inte låta någon annan
invalidera mina känslor
låta någon annan
styra mitt välmående

om de inte förstår?
behöver de förstå?

du måste sluta
tycka illa om dig själv
säger dem
du måste börja
älska dig själv
säger dem
älska innan du
kan bli älskad

men hur
undrar jag
kan jag börja
älska mig själv
förtjänar jag då inte
att ha någon nära mig
under tiden jag listar ut det

skynda långsamt
brukar de säga till mig
gör inte allt
på en och samma gång
du kommer bli utbränd
säger dem

jag har gått in i den fällan förr
många gånger
men ändå gör jag samma misstag
varje gång

kreativiteten kommer till mig

som i vågor

jag vet aldrig när den kommer

eller hur länge den kommer stanna kvar

jag vet bara att den finns

när den finns

och kan försvinna

i ett ögonblick

det är magi

magi går inte att skapa
genom att tvinga hjärnan
till att tänka
magi uppstår
när kropp själ och ande
sammanfaller
och sjunger i samklang

i kreativiteten
korsar vi alla gränser
det finns inga rätt
eller fel
det enda felet
man kan göra
är att sluta försöka

det är i kreativiteten
som jag bygger upp mig själv
igen

under min tid

har jag gått igenom så många kriser

att det enda jag hunnit med

mäktat med

är att släcka alla bränder

det är nu

det är dags att

jobba med mig själv

inifrån

och ut

befria först dig själv
& din inre värld

jag ville bli bekräftad

genom att bli *någons*

någons projekt

jag gav fullmakten till *någon* annan

och tog själv offerrollen

men det vore

att leva i en lögn

för ingen kan hjälpa mig

om jag inte är villig

att hjälpa mig själv

jag har försökt forcera fram
något som inte finns
livet efter är ändå
inte så olikt
livet före

men nu
har jag inte
gett upp ännu
jag vet att det går
jag vet att det måste gå

jag gick ut i regnet idag

tittade upp mot himlen

och kände regndropparna falla

mot min hud

jag tror jag log

ett genuint leende

jag tror jag kände mig

fri

kanske kommer jag en dag

våga älska

och bli älskad

av någon

för att jag är jag

och inte

för vem jag kan bli

du vet väl
att du inte behöver vara stark
hela tiden
att det är okej
att för en stund
släppa på fasaden
släpp fram ditt inre barn
och låt det få tröst

läkning är en livslång process

det är ett beslut

du måste fatta varje dag

hur omöjligt det än känns

när monstret i dig skriker

att allt kommer att gå fel

att du inte är värd

mer än det här

men det är då

du måste fortsätta

för om du lyssnar på

varenda litet ord

kommer du bara sätta krokben

för dig själv

låt läkningsprocessen ta tid

för det tar tid

att lära på nytt

allt det du tidigare lärt dig

av samhället

om hur du borde vara

börja inifrån
– vad behöver du?

ärren bleknar
med tiden
de utanpå
och så småningom även
de inombords